ACADÉMIE DE RENNES

LYCÉE DE GARÇONS
ET COLLÈGE DE JEUNES FILLES
DE LAVAL

DISCOURS

PRONONCÉ

A LA DISTRIBUTION DES PRIX

Le 13 Juillet 1915

PAR

M. LE BALLE

Chevalier de la Légion d'Honneur
Officier de l'Instruction Publique, Chevalier du Mérite Agricole
Inspecteur d'Académie

MAISON FRANÇAISE D'ÉDITIONS
Em.-M. LELIÈVRE

PARIS | LAVAL
22bis, passage Dauphine (VIe) | 21, rue du Vieux-St-Louis

——

1915

LYCÉE DE GARÇONS
ET COLLÈGE DE JEUNES FILLES
DE LAVAL

DISCOURS

PRONONCÉ

A LA DISTRIBUTION DES PRIX

Le 13 Juillet 1915

PAR

M. LE BALLE

Chevalier de la Légion d'Honneur
Officier de l'Instruction Publique, Chevalier du Mérite Agricole
Inspecteur d'Académie

MAISON FRANÇAISE D'ÉDITIONS
Em.-M. Lelièvre

PARIS	LAVAL
22ᵇⁱˢ, *passage Dauphine* (VIᵉ)	21, *rue du Vieux-St-Louis*

1915

Mesdames, Messieurs,

Mes Chers Enfants,

En prescrivant que, dans tous nos établissements secondaires, la distribution des prix aurait lieu, cette année, sous
la présidence d'un fonctionnaire de l'Université, M. le
Ministre a voulu, sans aucun doute, voir dans chaque ville
française, l'Université rendre compte au pays de ce qu'elle
a fait pour la défense du territoire, exposer sobrement ce
qu'ont entrepris déjà ses maîtres et ses élèves pour accom-
plir ce devoir, et, en retraçant devant les générations qui
montent à la vie nationale ce qu'ont réalisé leurs aînés, leur
proposer un bel exemple à suivre, un magnifique patri-
moine de gloire à enrichir et à conserver.

Au déclin d'une carrière déjà longue, dont les débuts se
perdent dans les glorieuses tristesses de l'Année terrible, et
qui s'achève parmi les radieuses espérances d'une victoire

réparatrice, rien ne pouvait m'être plus agréable que d'être chargé de cette mission. Elle me permettra tout d'abord, dans une ville qui fut toujours gracieusement hospitalière à ma famille et à moi même, en présence d'autorités préfectorale et municipale qui m'ont honoré de leur confiance, en présence de collaborateurs qui me sont très chers parce qu'ils sont profondément dévoués à l'Université et à la vieille et illustre maison où je vins, il y a 35 ans, donner mes premières leçons de professeur de Lycée, où les nécessités de la guerre m'ont ramené au mois d'Octobre dernier, avec mon très cher collègue de 1880, M. le Proviseur Amaudrut, de remercier comme ils le méritent les maîtres aussi modestes que distingués qui, au Lycée, ont élevé mes cinq fils, et dans la maison-sœur, dont l'année s'achève aujourd'hui avec la nôtre dans une cérémonie commune, les femmes de cœur et de haute intelligence à qui j'avais confié l'éducation de mes filles.

En m'acquittant ainsi d'une dette de reconnaissance personnelle, je suis sûr d'être l'interprète de tous les pères, de toutes les mères de famille qui ont librement demandé à l'Université la direction intellectuelle et morale de leurs enfants, et qui ont honoré de leur confiance le Collège de jeunes filles et le Lycée de garçons de Laval. — Une parole très ancienne assure que « l'arbre se reconnaît à ses fruits ». — Voyons ensemble, Mesdames et Messieurs, les fruits qu'a portés cette année notre enseignement universitaire, et d'abord au point de vue intellectuel.

Malgré les préoccupations et les angoisses d'une année de lutte violente contre l'envahisseur étranger, malgré les vides causés par la mobilisation dans un personnel seulement suffisant en temps normal, malgré l'espace strictement mesuré qui fut laissé à notre Lycée par l'installation d'un hôpital militaire de trois cents lits, grâce à l'initiative intelligente de l'Administration du Lycée, grâce au dévouement des fonctionnaires en exercice qui ont multiplié les heures de service bénévole, des professeurs honoraires, des professeurs réfugiés des pays envahis, comme des administrateurs du Lycée, des professeurs du collège de jeunes filles, des administrateurs et des professeurs des Écoles normales, occupées totalement par des formations sanitaires, aucun service essentiel n'est resté en souffrance; nous avons fait face à tous les besoins; nous avons même accueilli les enfants réfugiés des pays envahis; s'il le faut, nous le ferons dans l'avenir comme dans le passé.

Plus et mieux que dans les années d'études les plus paisibles, nos élèves ont apporté dans leur travail la fiévreuse ardeur de nos soldats au champ de bataille. Ils ont livré de toutes leurs forces, avec tout leur cœur, le bon combat contre la paresse et l'ignorance; ils en sont sortis vainqueurs. Tandis que six élèves du collège méritaient le diplôme de fin d'études secondaires et quatre le brevet supérieur, trente-sept élèves du Lycée étaient proclamés admissibles au baccalauréat et trente-et-un définitivement reçus.

Mesdames, Messieurs, ces brillants résultats font le plus grand honneur aux élèves qui les ont obtenus, comme aux maîtres qui ont dirigé leurs études.

Je m'arrêterais ici, satisfait, dans une de ces années normales où le soleil rit doucement sur les coteaux gracieux de notre plantureuse Mayenne, et je féliciterais, sans plus, nos élèves d'avoir heureusement secoué la langueur d'un tempérament un peu trop enclin parfois aux suggestions de la douceur angevine. Mais si, dans l'année d'âpre bataille que nous traversons, quand l'avenir et la vie même de la France sont en jeu, si l'on n'avait vu s'échapper de nos bancs que des lauréats plus ou moins affadis par les jeux ingénieux de l'esprit, et garnis consciencieusement par un effort méthodique de la mémoire, avides seulement de se délasser des copies que l'on fait en classe par les rêveries au bord du flot ou par la sieste à l'orée des bois, j'aurais honteusement reporté mon regard sur ces bancs des écoles germaniques, au début du siècle dernier, quand la Prusse écrasée rongeait rageusement son frein après les désastres d'Auerstadt et d'Iéna, et j'aurais rougi au souvenir des accents enflammés par lesquels les Arndt et les Krœrner, les poètes de l'Allemagne vaincue, allumaient dans les cœurs des générations nouvelles la haine de la France et les désirs de vengeance que devaient assouvir Leipzig et Waterloo. Mais envers la jeunesse qu'elle élève et envers le pays qui la lui a confiée, l'Université de France a fait tout son devoir.

Dès 1884, dans une fête de bienfaisance donnée au théâtre de Brest au profit des Alsaciens-Lorrains, je disais aux officiers des armées de terre et de mer, très nombreux dans l'auditoire, et dont le labeur obstiné préparait déjà les revanches lointaines du droit outragé :

. . . .

Mais vous n'avez rien fait, tant qu'il vous reste à faire,
Plus vous avez donné, plus le pays espère,
Travaillez : et comptez pour vous donner des hommes
Sur un secours vaillant, car tout ce que nous sommes,
Quoique le fer jamais ne fatigue nos bras,
Nous qui savons parler, si nous ne frappons pas ;
Maîtres à tous degrés, de la belle jeunesse,
Noble espoir du pays qui sur nos bancs se presse,
Nous avons notre rôle aussi, tout près de vous,
Et nous le remplirons avec un soin jaloux,
En contant à vos fils la merveilleuse histoire
De ce noble pays, berceau de toute gloire,
Qui, depuis deux mille ans, du bruit de ses exploits
Remplit le monde entier, attentif à sa voix,
Nous leur inspirerons une mâle tendresse
Pour le sol vénéré qui nourrit leur jeunesse,
L'amour sacré du droit, la noblesse du cœur,
L'immortel souvenir d'un insolent vainqueur.

. . . .

Et, quand nous serons forts, la France relevée,
Sans colère, sans peur, la main sur son épée,
Reprendra fièrement sa place au grand soleil,
Et le monde étonné saluera son réveil.

Ce réveil de l'énergie française se manifestant dans tous les domaines pour faire reprendre à la France « sa place au grand soleil », l'Université de France n'a jamais cessé de le prêcher depuis nos défaites de 1870. Toujours la parole de ses maîtres a trouvé chez nos jeunes gens le même écho. Tels j'avais quitté, en Octobre 1882, mes élèves du Lycée de Laval, tels j'ai retrouvé leurs neveux au mois d'Octobre 1914. Aujourd'hui comme hier, ils vibrent au souffle des mêmes inspirations, ils voudraient tous souffrir pour le même idéal. Les plus jeunes se désolent de leur inaction.

Ecoutez ce que disent les élèves de seconde après avoir étudié « Mon Enfance », de Victor Hugo :

MON ENFANCE

Mon enfance n'a pas d'histoire ; elle ressemble
Au clair matin fait de lumière et de douceur ;
Ceux qui, sur mon berceau, se sont penchés ensemble
M'apportaient dans leurs yeux le reflet du bonheur.

Quand mes premiers regards ont erré sur les choses,
La fée Illusion m'avait déjà doté
Du talisman divin qui les métamorphose,
Et je ne voulais plus croire qu'à leur beauté.

Mon père me berçait de récits de bataille.
J'étais le feuillet blanc ; il imprimait nos deuils,
Et, mettant le grand mot de patrie à ma taille,
Il disait le réveil prochain de nos orgueils.

Il parlait des aïeux de la plus grande France,
Et, las d'attendre en vain l'heure lente à venir,
Il partit en avant au combat. Mon enfance
Depuis ce jour amer, n'est plus qu'un souvenir.

Aujourd'hui, plus encor, mon enfance me pèse ;
Quand, pour la liberté du pays et ses droits,
Tout le monde est debout, mon enfance me lèse,
Qui m'oblige à garder encore entre les doigts

Une plume, à l'heure où d'autres ont une épée.
C'est elle qui me tient prisonnier sur ces bancs,
Ecolier de treize ans, rêvant d'une épopée
Au livre de la gloire écrite avec mon sang.

Mesdames, Messieurs, heureux les pères, heureuses les mères dont les fils sont animés de pareils sentiments et capables de les exprimer dans ce sobre et fier langage.

D'autres, dont la plume est moins alerte et moins vigoureuse, mais dont le cœur n'est pas moins fortement trempé, nourris des grandes leçons d'un Ronsard, d'un Corneille, d'un Victor Hugo, d'un Michelet, réchauffés par l'ardente parole de maîtres animés du patriotisme le plus noble et le plus actif, entraînés par l'exemple de ceux qui partirent les premiers et dont l'un, M. le Professeur de mathématiques Marcellin, arrosa de son sang, le 24 Septembre 1914, les défilés meurtriers de l'Argonne, ont couru spontanément, sans attendre l'appel de leur classe, prendre leur place dans nos régiments. Chaque jour, quelques uns de leurs camarades vont les rejoindre, et la vive émulation qui les stimulait sur les bancs de notre Lycée, continue à s'exercer dans les rangs de l'armée nationale.

Mesdames, Messieurs; après avoir rendu hommage à la mort héroïque de M. le Professeur Marcellin, aux blessures des professeurs Ambard et Lambin, laissez-moi saluer aussi, très respectueusement, les blessés et les morts, qui fils, frères ou neveux des Universitaires de Laval, appartiennent pour ainsi dire deux fois à l'Université.

Les blessés :

MM. le capitaine Henri Aubril, de l'Etat-major général, deux fois blessé grièvement ; c'est le fils aîné de M. le Proviseur du Lycée ;

Le capitaine Raymond Tessier, fils d'un ancien professeur du Lycée ;

Le caporal Henri Houssay, fils de M. le professeur Houssay;

Le caporal Pierre Havel, fils de M. le professeur Havel ;

Le caporal René Chanfreau, fils de M. le professeur Chanfreau ;

Le sergent René Le Guet, fils de M. le professeur Le Guet ;

Le lieutenant Aulon, neveu de Mme la directrice du Collège ;

Le sous-lieutenant Paul Férard, fils de M. l'Inspecteur primaire Férard;

Le caporal Robert Carel, frère de M. le professeur Carel.

Et les morts :

MM. le capitaine Marcel Hagnus, fils de M. Hagnus, ancien directeur de l'Ecole normale;

Le lieutenant Civel, frère de Mlle Civel, répétitrice au Collège ;

Le caporal Scipioni, frère de Mlle Scipioni, répétitrice au Collège ;

Et le dernier dont la mort nous soit connue :

M. le sous-lieutenant Raymond Leguy, élève de l'École normale supérieure, tué le 5 Juin 1915, à Neuville-Saint-Waast.

Les citations à l'ordre du jour du capitaine Tessier, du sous-lieutenant Férard, du soldat René Chanfreau, du lieutenant Gason, disent éloquemment de quelle ardeur dans la lutte, de quel sang-froid, de quelle habileté ces jeunes gens ont fait preuve.

Le temps me manque, Mesdames et Messieurs, pour rapporter en détail les belles actions de nos anciens élèves. Le palmarès du Lycée porte dans ses toutes premières pages, comme en un Livre d'or, les noms de tous ceux qui se sont le plus distingués et qui furent tués, blessés, promus ou cités à l'ordre de l'armée. En parcourant ce cruel martyrologe, cette page impressionnante et glorieuse qui s'allonge chaque jour et qui porte déjà vingt tués, trente-six blessés, dix-sept citations à l'ordre du jour, sept décorations, vous serez patriotiquement émus par le glorieux tribut que le Lycée de Laval a déjà payé à la défense nationale et vous louerez nos élèves d'avoir accompli leur devoir noblement, simplement, confondus jusqu'ici dans cette gloire générale dont quelques privilégiés arrivent à percer avec peine le stoïque anonymat.

Mesdames, Messieurs, je n'aurais pas rendu à l'Université toute la justice qui lui est due, si dans l'impossibilité où je me trouve de louer les belles actions de ceux de ses élèves qui n'ont pas suivi les cours de l'Enseignement secondaire, mais qui se sont assis sur les bancs de toutes les Écoles primaires publiques de ce département, je ne rendais au moins un hommage collectif à la valeur des maîtres qui les ont élevés. Ceux-là aussi ont fait mieux que de parler et d'enseigner. Pénétrés de ce vers du vieux Corneille « Les exemples vivants sont d'un autre pouvoir », nos instituteurs ont donné l'exemple après la leçon.

Dans les rangs de dix régiments divers, ils ont, avec une abnégation et un courage hautement appréciés de leurs chefs, marché dans toutes les attaques avec un mépris absolu

de la mort et vingt-quatre ont payé de leur vie l'accomplis-
sement du devoir le plus sacré. Les blessés sont plus nombreux encore ; mais ils sont si modestes qu'à grand peine
j'arrive à connaître la nature et la gravité de leurs blessures.

Notre Ecole Normale, dont ils sont presque tous les élèves,
peut être fière de son œuvre

L'Inspecteur d'Académie de la Mayenne éprouve un légi-
time orgueil à proclamer ces deuils glorieux. Il n'a qu'un
regret, c'est de ne pouvoir, à l'exemple d'un collègue très
cher, qui fut un des maîtres les plus brillants et les plus
aimés de ce Lycée où son souvenir est toujours vivant, me-
ner au feu dans quelque coin de Flandre, de Champagne ou
d'Alsace, des soldats tels que se révèlent d'un bout à l'autre
du front les professeurs et les instituteurs de ce département
ainsi que leurs élèves.

Voilà, Mesdames et Messieurs, comment dans notre
Mayenne les maîtres et les élèves de l'Université compren-
nent et pratiquent le devoir national, comment depuis un
an bientôt ils soutiennent la lutte quotidienne, acharnée,
contre les ennemis de notre pays et de notre idéal ; ils ont
mérité de vaincre par leur volonté tenace, par leur entrain
et leur bonne humeur inépuisables. La victoire couronnera
leurs efforts. Mais au prix de quelles fatigues, de quelles
souffrances physiques, de quelles tortures morales cette victoire s'achète chaque jour, ceux-là seuls le savent qui ont
pris la peine de visiter la douzaine d'hôpitaux établis sur le
territoire de la seule Ville de Laval.

Ce n'était pas assez de la science et du dévouement de
médecins distingués, secondés par un personnel d'infirmiers
expérimentés pour laver toutes ces plaies, pour panser toutes ces blessures, pour apaiser toutes ces douleurs. Il y fallait
la main très douce des femmes, l'affectueuse tendresse des
sœurs, le dévouement sans limite des mères. Et, dans tous
les hôpitaux installés dans nos établissements universitaires,
au Lycée, aux deux Ecoles normales : Directrices, professeurs, institutrices, femmes et filles des administrateurs et
des professeurs ont donné leur temps et leurs peines dans
toute la mesure où l'ont permis leur santé, leur service,
leurs obligations familiales.

Ils le savent bien, nos chers blessés, et quand la guérison est venue et les a ramenés dans leurs familles ou dans leurs régiments, avec quels accents de sincérité profonde, ils remercient leurs bienfaitrices et les assurent de leur reconnaissance.

Je ne veux pas louer des dévouements individuels ; je craindrais de commettre quelque involontaire oubli, de froisser la discrétion de celles qui veulent que leur main gauche ignore ce qu'a donné leur main droite. Je n'insisterai donc pas, et quand j'aurai seulement rappelé l'œuvre accomplie discrètement aux ouvroirs du Lycée et du Collège, les collectes fructueuses faites au Lycée et au Collège, à l'Ecole Normale d'Institutrices et les milliers de vêtements de laine adressés pendant six mois d'hiver, sur le front, aux soldats des régiments de la Mayenne, j'aurai fini ce discours que j'aurais voulu moins long, que vous trouverez peut être trop court au gré de votre admiration pour l'armée qui défend nos foyers avec tant de vaillance.

Mesdames, Messieurs, Thucydide nous apprend que Périclès, chargé de prononcer l'éloge des guerriers morts pour la défense d'Athènes, crut devoir commencer par faire l'éloge de la patrie pour laquelle ces héros étaient tombés.

Volontiers, je suivrais son exemple en vous montrant combien la France l'emporte sur les nations voisines par la douceur de son ciel, par la richesse de son sol et la beauté de ses aspects infiniment variés ; comment ses mers, jamais glacées, ses fleuves aux eaux abondantes et bien réglées favorisent le développement de sa richesse et rendent sociables ses habitants ; comment sa libre constitution, son génie si puissant dans ses manifestations multiples, en font le pays le plus doux à habiter ; comment sa langue harmonieuse et souple, ses poètes, ses savants, en font l'asile de prédilection des arts, des sciences, de la civilisation la plus douce et la plus aimable. Comme le grand orateur grec j'ajouterai : « C'est pour une patrie si glorieuse que ces guerriers sont morts en héros, jugeant indigne qu'elle leur fût ravie ; c'est pour elle que leurs survivants doivent vouloir tout souffrir. Fils et frères de ceux qui ne sont plus, je vois pour vous une grande lutte à soutenir. Tout le monde loue volontiers ceux qui ne sont plus, et, même avec des prodiges de vertu, à peine ferez-vous croire que vous les égalez »

Ainsi s'exprimait Périclès. Jeunes gens, jeunes filles, qui m'écoutez, élevez vos cœurs à la hauteur des devoirs qui vous attendent. Dès que sera terminée victorieusement la terrible lutte pour l'existence que soutient notre armée, l'immense besogne de réparation devra commencer. Il faudra relever les ruines, refaire les fortunes, restaurer les familles, consoler les douleurs ; il faudra reconstruire la France plus grande, plus riche, plus belle, plus harmonieusement unie et plus vaillante encore, s'il se peut. — Ce sera votre œuvre. C'est la dette dont vous aurez à vous acquitter envers les soldats qui meurent pour nous. Pour vous montrer dignes de la grande mission qui vous attend, vous n'aurez qu'à vous inspirer des hautes et fermes leçons qui vous sont données ; vous n'aurez qu'à vous ressembler, et vous aurez, dans les circonstances les plus graves, bien mérité de la France et de la République

Imprimerie Em.-M. Lelièvre, 21-23, rue du Vieux-St-Louis, - Laval.

IMPRIMERIE Em.-M. LELIÈVRE

21-23, Rue du Vieux-St-Louis

LAVAL